대통령 문재인의 1년 화보집

대통령 문재인의 1년 화보집

더휴먼

사랑하는 국민 여러분,
안녕하십니까? 문재인입니다.

고맙습니다. 정말 고맙습니다.

정의로운 나라, 통합의 나라, 원칙과 상식이 통하는

나라다운 나라 만들기 위해 함께하신

위대한 국민들의 위대한 승리입니다.

함께 경쟁했던 후보들에게도 위로와 감사를 전합니다.

새로운 대한민국을 위해 그분들과도 손잡고 함께 전진하겠습니다.

내일부터 저는 국민 모두의 대통령이 되겠습니다.

저를 지지하지 않았던 분들도 섬기는 통합 대통령이 되겠습니다.

존경하는 국민 여러분,

국민들의 간절한 소망과 염원, 절대로 잊지 않겠습니다.

정의가 바로서는 나라, 국민이 이기는 나라 꼭 만들겠습니다.

상식이 상식으로 통하는 나라다운 나라, 꼭 만들겠습니다.

혼신의 힘을 다해 새로운 나라 꼭 만들겠습니다.

국민만 보고 바른 길로 가겠습니다.

위대한 대한민국, 정의로운 대한민국, 당당한 대한민국.

그 대한민국의 자랑스러운 대통령이 되겠습니다.

감사합니다.

제19대 대통령 당선 소감

2017.5.10

개표 방송을 보며 활짝 웃고 있는 문재인 대통령 2017.5.10

당선 축하를 받는 문재인 대통령 2017.5.10

손인사하는 문재인 대통령 2017.5.10

취임 후 첫 주말에 기자들과 산행에 나선 문재인 대통령 2017.5.13

산행 전 청와대 잔디밭에서 물을 마시는 모습 2017.5.13

제37주년 5·18광주민주화운동 기념식에서 유족을 안아주며 위로하는 문재인 대통령 2017.5.18

〈님을 위한 행진곡〉 작곡가와 함께 손을 잡고 제창하는 모습 2017.5.18

제37주년 5·18광주민주화운동 기념식을 마치고 유가족을 위로하는 모습 2017.5.18

노무현 전 대통령 8주기 추도식에 참석한 문재인 대통령 2017.5.23

노무현 전 대통령 8주기 추도식에서 인사말을 하는 문재인 대통령 2017.5.23

노무현 전 대통령 8주기 추도식에서 인사말을 마친 뒤 단상을 내려오는 문재인 대통령 2017.5.23

노무현 전 대통령 8주기 추도식을 마친 뒤 분향하는 문재인 대통령 2017.5.23

제30주년 6·10민주항쟁 기념식에서 기념사를 하는 문재인 대통령 2017.6.10

제30주년 6·10민주항쟁 기념식에서 〈광야에서〉를 부르는 문재인 대통령과 김정숙 여사 2017.6.10

사진작가 킴 뉴튼 씨로부터 이한열 열사 사진을 전달받는 문재인 대통령 2017.6.10

제72주년 광복절 경축식에서 경축사를 하는 문재인 대통령 2017.8.15

제72주년 광복절 경축식에서 참석자들과 함께 '만세삼창'을 하는 모습 2017.8.15

광복절에 백범 김구 묘역을 찾은 문재인 대통령 2017.8.15

세계시민상 수상식장에서 라가르드 IMF 총재와 인사하는 문재인 대통령 2017.9.20

세계시민상 수상식에 참석한 문재인 대통령 2017.9.20

라가르드 IMF 총재로부터 미국대서양협의회 세계시민상을 수상하는 모습 2017.9.20

UN 총회에서 기조연설을 하는 문재인 대통령 2017.9.21

건군 69주년 국군의 날 기념식을 마치고 장병들의 경례에 답례하는 문재인 대통령 2017.9.28

국군의 날 기념식에서 사열하고 있는 문재인 대통령 2017.9.28

오늘, 촛불집회 1년을 기억하며
촛불의 의미를 되새겨봅니다.
촛불은 위대했습니다.
민주주의와 헌법의 가치를 실현했습니다.
정치 변화를 시민이 주도했습니다.
새로운 대한민국의 방향을 제시했습니다.
촛불은 새로웠습니다.
뜻은 단호했지만 평화적이었습니다.
이념과 지역과 계층과 세대로
편 가르지 않았습니다.
나라다운 나라, 정의로운 대한민국을 요구하는
통합된 힘이었습니다.
촛불은 끝나지 않은 우리의 미래입니다.
국민과 함께 가야 이룰 수 있는 미래입니다.
끈질기고 지치지 않아야 도달할 수 있는 미래입니다.
촛불의 열망과 기대, 잊지 않겠습니다.
국민의 뜻을 앞세우겠습니다.
국민과 끝까지 함께 가겠습니다.

촛불집회 1년을 기억하며
2017.10.28

국회 본회의장에서 시정연설을 하는 문재인 대통령 2017.11.1

'소방 충혼탑'을 참배한 문재인 대통령 2017.11.3

고(故) 한상윤 소방장의 유족인 막내딸의 손을 잡고 위로하는 모습 2017.11.3

소방관 유니폼에 사인을 하는 문재인 대통령 2017.11.3

19TH ASEAN-REPU
SUMI
13 November 2017 | M

C OF KOREA

Philippines

아세안·한국 정상회의에 참석한 문재인 대통령 2017.11.13

아세안 기업투자서밋(ABIS)에서 참가자들과 기념사진을 찍는 모습 2017.11.13

중국 베이징대학교 학생들의 환영 속에 입장하는 문재인 대통령 2017.12.15

충칭 임시정부 청사를 방문하여 역사전시실을 둘러보는 모습 2017.12.16

충칭 임시정부 청사에서 방명록을 작성하는 문재인 대통령 2017.12.16

충칭 임시정부 청사에서 참석자들과 함께한 기념 촬영 2017.12.16

'새해 국정 운영'을 발표하는 문재인 대통령 2018.1.10

신년 기자회견에서 평창 동계 올림픽 마스코트인 수호랑을 든 기자를 보고 웃는 모습 2018.1.10

각본 없이 열린 신년 기자회견에서 질문하기 위해 손을 든 기자들 2018.1.10

제99주년 3·1절 기념식에서 기념사를 하는 문재인 대통령 2018.3.1

서대문 형무소 역사관에서 열린 제99주년 3·1절 기념식에 참석한 문재인 대통령 내외 2018.3.1

서대문 형무소 역사관에서 독립문까지 대형 태극기를 들고 행진한 뒤 만세삼창을 하는 모습 2018.3.1

만세운동 재연 행진을 하는 문재인 대통령 내외 2018.3.1

제74기 육사 졸업 및 임관식에서 위탁생도들에게 명예 소위 계급장을 달아주는 모습 2018.3.6

육사 졸업생들과 함께 정모를 하늘 높이 던지는 모습 2018.3.6

2018 평창 동계 패럴림픽 개회식에 앞서 평화 올림픽의 의미를 강조하는 문재인 대통령 2018.3.9

2018 평창 동계 패럴림픽 개회식에서 손을 흔드는 문재인 대통령 2018.3.9

제70주년 4·3 희생자 추념식에서 추모사를 하는 문재인 대통령 2018.4.3

4·3 영령들을 추모하는 문재인 대통령 2018.4.3

판문점 남측 평화의 집 앞에서 열린 공식 환영식에서 국군의장대를 사열하는 남북 정상 2018.4.27

'2018 남북정상회담'에 앞서 기념 촬영을 하며 함박웃음을 짓는 양 정상의 모습 2018.4.27

분단을 넘어 평화로 2018.4.27

환영 만찬에서 건배를 하는 남북 정상 내외 2018.4.27

판문점 평화의 집에서 환송 공연이 끝난 뒤 헤어지는 모습 2018.4.27

대통령 문재인의 1년 화보집

초판 1쇄 펴낸 날 2018년 5월 30일

엮 은 이   편집부
펴 낸 이   장영재
펴 낸 곳   (주)미르북컴퍼니
자 회 사   더휴먼
전   화   02)3141-4421
팩   스   02)3141-4428
등   록   2012년 3월 16일(제313-2012-81호)
주   소   서울시 마포구 성미산로32길 12, 2층 (우 03983)
E-mail   sanhonjinju@naver.com
카   페   cafe.naver.com/mirbookcompany

(주)미르북컴퍼니는 독자 여러분의 의견에
항상 귀 기울이고 있습니다.